AF343208

CHARLES D'ANGENNES DE RAMBOUILLET

CARDINAL, ÉVÊQUE DU MANS

ET LE

VÉNÉRABLE JEAN DE LA BARRIÈRE

Abbé de Feuillants, au diocèse de Rieux

1559-1587

Par le R. P. Dom Paul PIOLIN

LE MANS

IMPRIMERIE LEGUICHEUX ET Cie

13, RUE MARCHANDE, ET RUE BOURGEOISE, 16

1886

CHARLES D'ANGENNES DE RAMBOUILLET

CARDINAL, ÉVÊQUE DU MANS

ET LE

VÉNÉRABLE JEAN DE LA BARRIÈRE

Abbé de Feuillants, au diocèse de Rieux

1559-1587

Charles d'Angennes de Rambouillet, évêque du Mans, du 22 octobre 1559 au 23 mars 1587, est, sans contredit, l'une des plus grandes et dignes figures du clergé de France au XVIe siècle. Comme évêque du Mans, il montra une sollicitude au-dessus de tout éloge pour conserver la pureté de la foi dans son troupeau; mais, tout cela est connu par l'histoire et repose sur des documents absolument certains (1).

La fin tragique de ce grand prélat était restée un peu dans l'obscurité; elle a été placée récemment en pleine lumière par l'auteur de ces pages, qui a publié le texte authentique de son testament (2).

Jusqu'à ce jour, on n'avait pas connu les relations du cardinal de Rambouillet avec l'un des serviteurs de Dieu les plus remarquables de son temps, le vénérable Jean de la Barrière, abbé de Feuillants, au diocèse de Rieux, et fondateur de la réforme dite des Feuillants.

---

(1) V. notre *Histoire de l'Église du Mans*, t. V, p. 414 à 534.
(2) *Revue historique et archéologique du Maine*, 1884, t. XVI, p. 133.

C'est en l'année 1585 que ces relations prirent leur origine. A cette date, Charles d'Angennes résidait à Rome où il avait été envoyé en qualité d'ambassadeur du roi de France près du pape saint Pie V, dès l'année 1563. Le Souverain Pontife l'avait créé cardinal du titre de Sainte-Euphémie en 1570. Il fut le seul des cardinaux français qui assista, en 1572, au Conclave pour l'élection de Grégoire XIII, auprès duquel il resta accrédité comme ambassadeur de Charles IX.

Le pape Grégoire XIII venait de mourir le 10 avril 1585, et les cardinaux élurent, dès le 24 du même mois, le célèbre franciscain Félix Peretti qui fut le grand pape Sixte V. Le cardinal de Rambouillet prit part à cette élection et marcha toujours en grande union de vues et d'action avec ce profond politique qui fut en même temps un vrai serviteur de Dieu. Sixte-Quint lui confia même le gouvernement de Corneto, où il se retira et où il mourut.

Ce fut dans les jours qui suivirent l'élection du nouveau chef de l'Église, à la fin du mois d'avril 1585, que le cardinal de Rambouillet eut l'occasion de rendre un service très important au fondateur des Feuillants, Jean de la Barrière. Issu d'une race noble du vicomté de Turenne, en Querci, celui-ci naquit à Saint-Céré, non loin de Figeac, aujourd'hui département du Lot, le 23 avril 1544. Il fut élevé avec le plus grand soin et puisa au sein d'une famille profondément chrétienne les germes d'une piété solide. Il commença ses études à Bordeaux, les continua à Toulouse et les acheva à Paris où il eut pour précepteur et guide le savant Arnaud d'Ossat qui depuis fut cardinal et ne cessa de l'aimer et de le conseiller jusqu'à la mort, car le maître survécut de quatre ans au disciple.

En 1562, l'abbaye de Feuillants, au diocèse de Rieux, à cinq lieues de Toulouse, lui fut remise en commende. Il la posséda durant onze ans comme commendataire, mais avec la pensée de revenir à l'ordre régulier, désir qu'il ne put accomplir qu'en 1579. Ayant alors émis les vœux de la religion, il entreprit de rétablir la vie monastique dans son monastère selon le code promulgué par saint Benoît : entreprise difficile, vu les circonstances des temps et des lieux. L'abbaye de Notre-Dame de Feuillants offre un exemple de ce qu'étaient devenus les monastères, du moins pour la plupart. Fondée en 1145, par l'abbaye de La Creste, de la filiation de Morimond, elle avait vécu durant plus de trois siècles dans une grande ferveur et fourni au ciel un grand nombre d'âmes qui s'y étaient sanctifiées (1). Les troubles de la société, les désordres des guerres qui désolèrent le Languedoc, et les défaillances de la nature humaine firent quelquefois ressentir leurs tristes suites, mais la force de la règle ne fut point détruite. La cupidité des puissants produisit un mal plus durable en introduisant la commende perpétuelle. Remarquez que je parle de la commende perpétuelle et non de la commende momentanée comme elle exista à l'origine. Quel bien pouvait faire, ou plutôt quel mal ne devait pas nécessairement produire un homme comme Charles de Crussol, abbé commendataire de Feuillants à seize ans, qui abjura, en 1562, la foi catholique pour adhérer publiquement à l'hérésie protestante ?

Au moment où Jean de la Barrière entreprit de leur faire reprendre la vie régulière, les moines refusèrent absolument de se soumettre à un genre de vie qu'ils n'avaient jamais connu, dont ils n'avaient jamais prévu la possibilité. Leurs familles, des plus puissantes dans le pays, les appuyaient de tout leur pouvoir. Des troupes de gentilshommes de la contrée se présentèrent même aux portes de l'abbaye pour en chasser le prélat incommode qui troublait leurs amis et leurs parents dans la vie qu'ils s'étaient faite.

(1) *Gallia christiana*, t. XIII, col. 216-220.

Cet obstacle n'eut pas été invincible ; mais l'opposition que Jean de la Barrière éprouva de la part de ses supérieurs, les abbés de Morimond et de Cîteaux, fut beaucoup plus difficile à lever. Ces chefs de la grande famille de Cîteaux étaient des hommes d'une vie intègre, d'une doctrine sûre et jouissant, comme il était juste, d'une influence considérable (1). Ils n'approuvaient pas les désordres qui régnaient dans leurs monastères, mais ils craignaient les efforts qu'il faudrait faire pour revenir à un mode de vie plus régulier. D'ailleurs, les temps étaient-ils assez calmes ? Le fait est que dix ans plus tard des troupes de calvinistes méditaient encore le sac de l'abbaye de Feuillants.

Enfin, il faut le dire, le caractère un peu excessif de Jean de la Barrière n'inspirait pas une sécurité entière. Personnellement, c'était un homme de Dieu et d'une très haute vertu. Il avait pratiqué des austérités qui paraissent dépasser les forces humaines et il était d'un désintéressement au-dessus de tout éloge. Mais n'aurait-il pas été aussi prudent pour établir une réforme louable et absolument nécessaire, de se contenter d'exiger des anciens religieux une conduite correcte et de former dans une autre partie du monastère, une communauté nouvelle qui aurait suivi les règlements très édifiants, mais très austères nouvellement établis ? Les fondateurs des congrégations de Saint-Vanne et de Saint-Maur, très grands serviteurs de Dieu assurément, suivirent cette marche et ils obtinrent le succès espéré sans violentes secousses ; ils eurent même la consolation de voir bon nombre des anciens moines adopter les observances plus rigides, à la grande consolation de toutes les âmes religieuses.

Quoiqu'il en soit, les projets de réforme de l'abbé de Feuillants ne furent pas approuvés par le chapitre général de Cîteaux et une tempête violente s'éleva contre celui qui es-

(1) *Gallia christiana*, t. IV, col. 822, n° 34, et col. 1011, n° 51

sayait de les établir. Les choses en vinrent à ce point que Jean de la Barrière fut obligé d'en appeler au Souverain Pontife et d'envoyer deux de ses religieux pour soutenir sa cause. Il prit ce parti, conduit par la nécessité et d'après l'avis de ses meilleurs amis. Au nombre de ceux-ci, il faut compter un prélat de notre pays avec lequel il fut tout particulièrement uni, Pierre de Lancreau, qui occupa le siège épiscopal de Lombez de 1560 au 18 octobre 1593. Ce fut Pierre de Lancreau qui lui conféra les ordres sacrés, qui l'encouragea dans ses entreprises et qui fut toujours son ami sincère et dévoué (1).

Les deux députés que Jean de la Barrière avait choisis étaient très propres à soutenir la cause difficile qu'ils allaient plaider. C'étaient dom Jacques de la Roche-Mousson et dom Jean de Saint-Maur. Le premier appartenait à la plus haute noblesse de l'Auvergne; il était docteur en droit et en théologie; il avait fait sa profession religieuse sous la règle de Saint-Benoît et il était prieur de la célèbre abbaye de la Chaize-Dieu, au diocèse de Clermont. Il était en même temps vicaire général du grand prieur d'Auvergne, frère naturel du roi Henri III. Ces titres prouvent sa grande capacité et sa haute position. Il sacrifia tout pour s'attacher au vénérable Jean de la Barrière, dont les exemples le touchèrent profondément. Il fut, après son père spirituel, le premier et l'un des plus distingués prédicateurs de la réforme, et il en resta constamment le modèle. Son compagnon était un religieux d'une telle valeur qu'il fut choisi pour être le second général de l'Ordre. Ils partirent de l'abbaye de Feuillants pieds nus, tête nue, revêtus d'une seule tunique courte et grossière, ceints d'une corde, sans argent, avec ordre de ne vivre que d'aumônes et d'aller toujours à pied.

Le voyage dura plusieurs mois et par les temps les plus

____

(1) L'abbé Annoncia Bazy. *Vie du vénérable Jean de la Barrière*... *Paris et Toulouse*, 1885, p. 66, 100, 200, 325. — *Gallia christiana*, t. XIII, col. 326.

durs de l'année, puisqu'ils arrivèrent à Rome au moment où le pape Grégoire XIII venait de mourir, 10 avril 1585. Les deux moines de Feuillants se tinrent renfermés jusqu'à l'élection du nouveau pape qui eut lieu au bout de quatorze jours, le 24 du même mois d'avril. Ils étaient logés chez les Capucins de Rome qui furent si édifiés de leur vie qu'ils répandirent dans la ville que deux anachorètes d'Égypte leur étaient venus de France. Bientôt leur réputation arriva jusqu'aux cardinaux.

Mais ceux de ces princes de l'Église qui les accueillirent le mieux furent les trois cardinaux Louis d'Este, petit-fils du roi de France Louis XII, deux fois légat en France et archevêque d'Auch. C'est lui que l'historien de Thou appelle « le trésor des pauvres et l'ornement du Sacré-Collége » (1) ; Nicolas Pellevé, archevêque de Sens, si fameux par sa science, ses principes contraires au gallicanisme et la part qu'il prit dans le parti de la Ligue (2) ; enfin, Charles d'Angennes de Rambouillet, évêque du Mans. Fiers et heureux du parfum de sainteté que la France venait répandre dans la capitale de la catholicité, par les humbles Feuillants, ils favorisèrent de leur mieux les desseins de leur réformateur. Les cardinaux italiens, et surtout le pieux et savant Antoine Caraffa, ne montrèrent pas moins d'empressement pour accueillir les deux moines français. Au moment où l'Église était attaquée avec tant de violence dans notre malheureux pays, c'était une bien douce consolation pour les âmes vraiment attachées au règne de Jésus-Christ sur la terre, de contempler des témoins vivants d'une réforme véritable, réforme fondée sur la soumission la plus entière à l'autorité de l'Église et au Siège Apostolique, en même temps que sur la pratique des vertus les plus héroïques.

Sixte-Quint ne tarda pas à être informé de l'arrivée des

(1) *Gallia christiana*, t. I, col. 1004, n° 86.
(2) *Ibidem*, t. XII, col. 95, n° 95.

deux moines français et il voulut les voir et les entendre. Ils furent présentés à l'audience pontificale par le cardinal de Rambouillet, et il fallait qu'il eût ambitionné cette commission qui appartenait de droit à l'ambassadeur du roi de France, Paul de Foix, archevêque de Toulouse. Leur réception par le Souverain-Pontife eut une certaine solennité, dont eux seuls ne s'aperçurent pas.

Le Pape interrogea beaucoup les deux moines de Feuillants sur l'origine de leur réforme, leur manière de vivre, les maximes et les qualités de leur abbé. Satisfait de leurs réponses, le Souverain-Pontife loua la réforme établie à Notre-Dame de Feuillants comme étant l'œuvre du Saint-Esprit, et Jean de la Barrière comme un homme de Dieu. Il exprima le vif désir de voir cette réforme s'étendre et dit qu'il verrait avec satisfaction des moines de cette famille s'établir dans Rome où il se chargeait de leur donner un monastère.

Dom Jacques de la Roche-Mousson et Dom Jean de Saint-Maur éprouvèrent une joie inexprimable de l'heureuse issue de leur audience, et ils se disposaient à repartir pour porter à leur vénéré Père la bonne nouvelle du contentement du Souverain-Pontife et de l'offre qu'il faisait d'un monastère à Rome même. Les cardinaux leurs protecteurs, connaissant les désirs du Pape, les dissuadèrent de retourner en France. Sixte-Quint, averti de leur projet, leur ordonna de rester. Ils résolurent d'envoyer un messager aux Feuillants et leurs protecteurs lui remirent des lettres de félicitations pour Jean de la Barrière.

Voici une partie de la lettre que lui envoya le cardinal de Rambouillet :

« Monsieur mon très Révérend Père,

« La façon de vivre des religieux que vous avez envoyés à Rome est si exemplaire, si agréable et si louée d'un chacun, que Notre Saint-Père même en faisant beaucoup de cas et d'estime, s'est résolu de vous donner une église, pour y faire une compagnie des religieux de votre réforme, estimant que de leur bonne et sainte vie Rome en tirera beaucoup de profit, et ayant entendu de frère Jacques, l'un de vos religieux, qu'il vous dépêchoit un homme pour vous faire entendre cette intention et volonté de Sa Sainteté, je n'ai voulu faillir de vous écrire que tous ceux qui viendront à Rome, envoyés de vous, je les embrasserai comme si c'étoient mes propres frères.

« Rome, vous le savez, est le chef de la chrétienté où j'espère qu'il servira beaucoup à l'honneur et gloire de Dieu d'y envoyer une compagnie de religieux si bien vivants et si bien réglés comme les vôtres, et qui, avec leurs continuelles oraisons et même avec leurs saintes et dévotes prédications serviront grandement à toute l'Église. Pour ce, je vous exhorte et prie les y envoyer avec beaucoup de confiance, assuré qu'ils seront reçus de bon œil. »

Les cardinaux Pellevé, d'Este et Caraffa écrivirent dans le même sens à l'abbé de Feuillants. Une colonie partit donc et fut établie dans la Ville éternelle: elle y reçut l'église et le monastère de *San-Vito* qui appartenait déjà à l'Ordre de Cîteaux. Comme ils y étaient fort à l'étroit, le Pape les établit à Sainte-Pudentienne où ils construisirent un grand monastère.

Charles d'Angennes de Rambouillet étant mort à Corneto le 23 mars 1587, put se réjouir d'avoir vu l'approbation d'un Ordre dont il avait favorisé le premier essort; mais il ne vit point l'approbation plus solennelle qui est de l'année de son décès. Il n'eut pas du moins la douleur de voir les épreuves auxquelles fut soumis le Vénérable Jean de la Barrière, qui mourut après une réparation éclatante, le 25 avril l'an 1600. Ce grand serviteur de Dieu fut inhumé dans l'église de Saint-Bernard *alle Terme*, desservie par les moines de son Ordre et on lui éleva un magnifique tombeau en marbre. L'un de ses successeurs comme supérieur général de l'Ordre des Feuillants, fit graver sur sa tombe l'inscription suivante :

D · O · M

REVERENDISSIMO · IN · CHRISTO · P

D · JOANNI · BARRERIO · ABBATI · FVLIENSI

NOBILI · APVD · CADVRCENSES · GENERE

IN · GALLIA · ORIVNDO

AC · NOBILIORI · MONASTICÆ · DISCIPLINÆ · ORD · CIST

DIV · COLLAPSÆ · IN · SVO · MONASTERIO · RESTITVTORI

ET · INDE · CONGREGATIONIS · B · MARIÆ · FVLIENSI

IN · ALIQVOT · ITALIÆ · GALLIÆQVE · PROVINCIAS

APOSTOLICÆ · SEDIS · AVCTORITATE

AB · IPSO · PROPAGATÆ

FVNDATORI · MERITISSIMO

MORTALIVM · QVAM · PLVRIMORVM · SALVTI

TVNC · VITÆ · PLANE · CŒLESTIS · EXEMPLO

TVNC · PVBLICIS · CONCIONIBVS

AC · COHORTATIONIBVS · PRIVATIS · VIGILANTISSIMO · CONSVLTORI

AB · OMNI · SANCTO · CORPORIS · ET · ANIMI · LABORE · SEMPER · INVICTO

ASPERRIMÆQVE · VIVENDI · RATIONIS · SEMEL · SVSCEPTÆ

VSQVE · AD · EXTREMVM · VITÆ · SPIRITVM

OBSERVATORI · TENACISSIMO

TANDEM · SPARSO · MIRÆ · SANCTITATIS

AC · OMNIVM · VIRTVTVM

PER · VRBEM · ET · ORBEM · ODORE

ROMÆ · ANNO · JVBILÆI · M · DC

IN · DOMINO · FELICITER · OBDORMIENTI

PARENTI · OPTIMO · ET · INSTITVTORI · PRÆCLARISSIMO

DEVOTISSIMI · IN · CHRISTO · FILII · POSVERE

VIXIT · ANNOS · LVI · MENSES · XI

OBIIT · IV · KAL · MAII · (1)

Plusieurs fois, le bruit de grâces merveilleuses et de guérisons surprenantes obtenues par l'intercession du Vénérable Jean de la Barrière, se répandit dans le public et fit désirer que l'on travaillât à sa canonisation ; saint François de Sales écrivit dans ce but au pape Grégoire XV (2) ; mais les mal-

---

(1) *Monologium Cisterciense*, p. 140. — Bazy, *Vie du Vénérable Jean de la Barrière*, p. 418.

(2) *Œuvres complètes de saint François de Sales*, t. VII, p. 400. Paris, 1859. Louis Vivès. — Bazy, *op. cit.*, p. 420, 463-466.

heurs des temps n'ont pas permis de poursuivre ce projet.

Nous avons vainement cherché à découvrir l'inscription du Vénérable Jean de la Barrière dans l'église de *San-Bernardo alle Terme;* tout nous porte à croire qu'elle a disparu ; nous y avons lu les épitaphes de la comtesse Catherine Sforza, sa grande protectrice, et celle du cardinal Bona, le plus illustre des moines de la Congrégation des Feuillants.

Dans l'église de Saint-Louis-des-Français, nous avons vu le portrait peint de l'évêque du Mans, bienfaiteur du Vénérable Jean de la Barrière, et au-dessous l'inscription suivante qu'il est bon de produire dans sa forme véritable.

CAROLO · DANGENES
A · RAMBOVILLETO
S · R · E · CARDINALI
CHRISTOPHORVS · A · RANTIGNI · SORORIS · F · ET
CLAVDIVS · LVPIVS · CVBICVLI · PRÆFECTVS
ITALICARVM · RERVM · EX · TEST · HÆREDES
IN · AVVNCVLVM · ET · PATRONVM · GRATI
VIRGINIBVS · GALLICIS · ALTERNIS · ANNIS
DEIPARÆ · VIRGINIS · DIE · NATALI
IN · MATRIMONIVM · COLLOCANDIS
CERTOS · ÆDI · FRVCTVS · ATTRIBVERVNT
ANNO · (M) D · LXXXVII · KAL · APRILIS

Le noble caractère du cardinal Charles d'Angennes de Rambouillet était connu et constaté par l'histoire ; les faits que nous avons révélés dans ce travail, et qui jusqu'à ce jour étaient restés dans l'oubli, doivent ajouter un éclat nouveau à son nom. Celui qui accordait une protection dévouée au réformateur qui avait entrepris le premier, après les malheurs du xvie siècle, de relever la sainteté de l'ordre monastique, était assurément un esprit très éclairé et une âme profondément pieuse.

Le Mans. — Imprimerie Leguicheux et Cie.

www.ingramcontent.com/pod-product-compliance
Lightning Source LLC
LaVergne TN
LVHW021817060726
842528LV00004B/1397